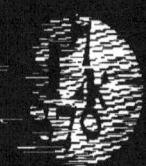

Lk⁷/1370

NOTICE

SUR LES

CHATEAU, SEIGNEURIE ET VILLAGE

DE BOVES,

CANTON DE SAINS, DÉPARTEMENT DE LA SOMME.

Par Charles SALMON,

DE LA SOCIÉTÉ DES ANTIQUAIRES DE PICARDIE.

AMIENS,

IMPRIMERIE DE LENOEL-HEROUART,

RUE DES RABUISSONS, 10.

—

1858.

(*Extrait* de LA PICARDIE, *Revue littéraire et scientifique.*)

NOTICE

SUR LES CHATEAU, SEIGNEURIE ET VILLAGE

DE BOVES.

Ce n'est pas l'histoire de Boves que nous voulons écrire ici ; elle serait au-dessus de nos forces et demanderait un gros volume ; c'est seulement une courte notice sur cet ancien village, l'un des plus peuplés et les plus riches en souvenirs historiques de l'Amiénois. —Le nom de Boves a été illustré par une fort ancienne famille : Le grand comte d'Amiens, Enguerrand de Boves, domine toute l'histoire de l'Amiénois au commencement du XIIe siècle, et le siége que son antique château soutint à la fin du même siècle lui a assuré une place dans l'histoire de France, dès cette époque reculée. Boves, à cette époque, existait déjà depuis bien des siècles. M. Delahaye, dans une notice sur une partie des environs d'Amiens, intitulée *Promenade d'Amiens à Boves* (1), en fait même remonter l'ori-

---

(1) *Annuaire du département de la Somme*, imprimé à Abbeville, 1844. p. 122-130.

gine jusqu'aux Gaulois. Il cite à l'appui de son opinion des découvertes de pierres celtiques faites en 1828, au lieu où avait existé l'église, démolie en 1823. Le château a aussi une origine très ancienne, puisque, suivant certains écrivains, Maugis, ce célèbre enchanteur, dont chacun a entendu parler, quoique presque personne ne connaisse ses actions, y aurait pris naissance. Il vivait, dit-on, sous Charlemagne.

Les bornes restreintes de ce travail, ne nous permettant pas de nous étendre beaucoup sur l'histoire des seigneurs, du château et du village de Boves, nous diviserons cette notice en trois parties. La première ira jusqu'à la fin du XIIIe siècle environ, c'est à dire jusqu'à l'extinction de la maison de Boves; la seconde renfermera l'histoire de ce pays depuis cette époque jusqu'à la révolution Française; et la troisième contiendra quelques notes historiques et statistiques depuis la Révolution jusqu'à nos jours. Enfin, un appendice renfermant divers renseignements, qui n'auront pu entrer dans le cours du travail, complètera cette étude sur l'un des pays les plus intéressants des environs d'Amiens.

I.

Boves depuis les temps les plus reculés jusqu'au XIII˚ siècle. — Préliminaires. — La maison de Boves. — Le siége de 1185.

L'histoire complète et détaillée du village de Boves et de ses seigneurs formerait un volume d'une certaine étendue. Nous croyons ne pouvoir mieux faire que de donner en ce moment la notice que lui consacre le P. Daire, dans ses manuscrits; nous y joignons de nombreux extraits des maisons illustres de Picardie de de La Morlière et d'un grand nombre d'ouvrages sur la province; n'ambitionnant point le titre d'historien, nous voulons seulement, modeste compilateur, réunir en un tout les nombreux renseignements qui se trouvent épars çà et là dans une foule de vieux livres, sur cette intéressante commune.

« Boves (1), dit donc le docte Célestin (2), l'une des prin-
« cipales terres de la Picardie, tenoit son rang du temps de
« saint Louis parmi les plus grandes baronies du royaume.
« Elle a, dans sa mouvance, quarante terres à clocher et cent
« vingt fiefs, suivant quelques titres..... Au titre de baronie
« qu'elle a conservé avant son union et après sa séparation
« de la terre de Coucy, elle réunit ceux de châtellenie et de
« marquisat... Ce lieu est situé dans une vallée maréca-
« geuse; la rivière d'Avre ou d'Auregne sépare le doyenné
« de Fouilloy de celui de Moreuil (3), comme le ruisseau

---

(1) En latin *Bova, Bovea, Bothua, Bothuensis et Boba*.

(2) Le P. Daire, *Histoire manuscrite du doyenné de Moreuil*, Bibliothèque d'Amiens, p. 9.

(3) Le village de Boves offrait cette particularité d'appartenir à deux doyennés différents.

« qui descend de la rivière de Noye sépare les prairies de
« l'abbaye du Paraclet de celles de la commune du village
« qui avait mairie, échevinage et coutume locale. »

Le village de Boves a donné son nom à une des plus grandes familles de France, qui posséda le comté d'Amiens pendant un temps assez considérable et fut souche de la célèbre maison de Coucy. L'origine de cette famille est enveloppé de quelque obscurité que certains auteurs, peut-être pour lui donner une antiquité plus reculée, ont plus obscurcie qu'éclaircie.

Voici comment Colliette trace la généalogie des de Boves jusqu'à Dreux, à partir duquel l'incertitude cesse :

Dreux comte d'Amiens, aliéna de son comté la terre et seigneurie de Boves en faveur de sa fille Adèle, mariée avant l'an 1059 à Albéric Ier, sire de Coucy lequel eut de son mariage, Albéric II, sire de Coucy et Dreux, sire de Boves, père du grand Enguerrand, lequel hérita de son père la seigneurie de Boves et de son oncle Albéric, celle de Coucy (1). L'auteur d'une notice sur l'ancienne seigneurie et l'église de Caix en Santerre est à peu près du même avis ; seulement il veut en plus qu'Ade ou Adèle de Boves ait apporté aussi en dot à son mari *la* comté d'Amiens (2). L'un et l'autre assignent, pour époque de la vie d'Albéric, la fin du règne de Henri Ier, qui mourut en 1060. Nous nous bornerons à faire remarquer que, d'après de La Morlière et les titres qu'il cite à l'appui, Dreux de Boves, qu'on dit petit-fils de cet Albéric, devait vivre dès avant l'année 1034, et sans plus

---

(1) *Mémoires pour servir à l'histoire de la province de Vermandois*, par P. L. Colliette, t. II, p. 459.

(2) Du Cange, *Histoire des comtes d'Amiens*, ne mentionne aucune Ade ou Adèle parmi les enfants de Dreux.

chercher d'avantage le vrai ou le faux de cette filiation et de ces constitutions de dot que Du Cange paraît ignorer, nous retracerons ici l'historique de la maison de Boves, tel que nous le trouvons dans le docte de La Morlière, celui de tous nos vieux historiens qui a le mieux connu l'histoire de son pays.

« Il est certain et se recognoist de nos cartulaires, dit « cet ancien auteur, qu'en l'an 1034 vivoit Dreux de Boues, « seigneur de Coucy, ou bien Dreux de Coucy, seigneur « de Boues, qui cette année mesme soubsigna la donation « faite du village de Croissy au chapitre d'Amiens, par « Thibault et Etienne comtes de France, etc (1). » Ce Dreux de Boves, « le premier tige de la famille de Coucy, « si célèbre depuis par nos histoires, » souscrivit encore une charte en 1069 et peu après il remit au chapitre d'Amiens toute l'avouerie qu'il possédait au village de *Contency* (2), don ratifié après sa mort par ses trois fils Enguerrand, Robert et Anselme. Dreux jouit jusqu'à sa mort de *la* vicomté de Corbie qui lui avait été donnée par Gaultier comte d'Amiens, après qu'à la faveur du roi Robert il l'eut usurpée à l'abbaye (3).

Dreux eut, de son mariage avec Milesende, trois fils dont nous venons de citer les noms. Enguerrand, l'aîné, transigea et s'accorda, en 1079, avec l'abbé Foulques Ier à l'occasion de l'avouerie qu'il prétendait avoir, comme héritier de son père, sur la ville de Corbie et les terres de l'abbaye. L'accord eut lieu moyennant la cession d'une partie de ces droits prétendus, faite par l'abbé.

---

(1) De La Morlière, *Recueil des illustres maisons de Picardie*, p. 251.
(2) Cottenchy.
(3) De La Morlière, ouvrage cité, p. 254.

Cet Enguerrand de Boves joue un grand rôle dans l'histoire de l'Amiénois au commencement du XIIe siècle. Il possédait le comté d'Amiens, sans qu'on sache à quel titre. L'auteur de la notice sur Caix que nous avons déjà cité ne fait aucun doute que le comté d'Amiens n'ait été donné par les Rois aux Evêques qui l'auront aliéné à la maison de Boves à charge de foi et hommage ; cet écrivain ne donnant aucune preuve à l'appui de son hypothèse, nous ne nous arrêterons pas à l'examiner et nous dirons avec du Cange : « il est étrange que l'on n'ait pas encore pu, jusqu'à présent reconnaître à quel titre le comté d'Amiens échut à Enguerrand, seigneur de Boves, » qui prit cette qualité dès 1085 (1).

Dans les premières années du XIIe siècle, l'évêque d'Amiens, l'immortel saint Geoffroy, voulait obtenir l'érection de la ville en commune et était appuyé par le roi, Louis-le-Gros. Enguerrand s'opposa de tout son pouvoir à ce projet. Il s'enferma avec le châtelain Adam dans l'ancien château d'Amiens, de construction romaine ; son fils Thomas de Marle, qui d'abord avait été favorable aux habitants, finit par s'entendre avec lui et ils résistèrent pendant plus de deux ans aux troupes royales (2), qui assiégèrent le vieux fort sous le commandement du roi en personne, qui y fut même blessé d'une flèche. En 1117 le château fut enfin pris et entièrement rasé ; on n'en laissa subsister, sur la demande de saint Geoffroy, que le caveau où saint Firmin-le-Martyr, premier évêque d'Amiens, avait été décapité.

Enguerrand de Boves perdit la dignité de comte d'Amiens,

---

(1) Du Cange, *Hist. des comtes d'Amiens.*
(2) *Essai sur saint Geoffroy* par M. Guerard, — *Monographie de la commune d'Amiens*, par Augustin Thierry.

après la prise du château (1) ; malgré ses luttes avec l'évêque il avait fait beaucoup de bien à un grand nombre de monastères. En 1085, il avait doté l'abbaye de St.-Acheul près d'Amiens, de quatre muids de blé ; il fit un grand nombre de dons à l'abbaye de St.-Vincent-De Laon. En 1105, il rétablit l'abbaye de St.-Fuscien ; il fut aussi bienfaiteur de celle de Notre-Dame de Nogent.

Enguerrand, l'un de ses fils, usurpa le siége épiscopal d'Amiens sur saint Geoffroy, il y resta ensuite comme évêque légitime après la mort de ce saint prélat.

Thomas de Boves, de Marle ou de Coucy, son autre fils, fit partie de la premier croisade ; ce fut en prenant son manteau écarlate, doublé de menu vair, pour en faire un étendard à ses troupes débandées dans la Terre Sainte, qu'il changea les armes de sa maison *de gueules à la bande d'or, accompagnée de deux cotices de même,* pour celles *fascées de vair et de gueules de six pièces,* qu'elle porta ensuite. Ce Thomas, généralement connu sous le nom de Thomas de Marle, tourmenta beaucoup par ses brigandages et ses vexations les diocèces d'Amiens et de Laon. Il périt misérablement en 1130, tué par Raoul de Vermandois (2), et fut enterré devant le portail de l'église St.-Vincent de Laon, ne pouvant être inhumé à l'intérieur à cause de l'excommunication qui avait été lancée contre lui, en 1114, au concile de Beauvais présidé par Conon Légat du Saint Siége (3). Cependant sa veuve,

---

(1) Augustin Thierry, *ut suprà*.
(2) De La Morlière, *Maisons illustres*, p. 257 ; Colliette, *Mémoires pour servir à l'hist. du Vermandois*, t. II, p. 190.
(3) « C'était le fils d'Enguerrand Ier, comte d'Amiens, seigneur de Boves, de Lafère et de Coucy, c'était Thomas de Marle, qui par ses châteaux forts, ses brigandages et ses meurtres, s'était fait le chef et le héros de

aidée de ses enfants Enguerrand de Coucy et Robert de Boves, fit peu après rallonger cette église de deux travées afin que le tombeau de son mari se trouvât dans l'enceinte (1). Toutes les cruautés de Thomas de Marle ne l'avaient pas empêché de faire des dons à l'abbaye de Prémontrés, fondée à Laon par l'évêque Barthélémy en 1121.

Thomas de Marle eut trois fils : Enguerrand, seigneur de Coucy; Robert, seigneur de Boves et Anselme qui mourut jeune. Enguerrand eut en partage la terre de Coucy, qui dès lors ne fut plus jamais réunie à celle de Boves, il fut par conséquent la tige de la célèbre maison de Coucy dont on connaît la fière devise :

> Je ne suis roy,
> Ne prince aussi,
> Je suis le sire de Coucy.

Robert, seigneur, ou, pour parler plus exactement, sire de Boves, fit don de quatre muids de blé à l'abbaye de St.-Acheul-lez-Amiens, avant de partir pour la croisade en 1146. *Ierosolymam profecturus*, dit le titre cité par de La Morlière. M. Roger a omis de le mettre au nombre des chevaliers Picards qui firent partie de la seconde croisade.

Son fils nommé aussi Robert entra en guerre ouverte avec le roi de France, Philippe-Auguste, et subit en 1185

---

tous les malfaiteurs et répandait au loin la terreur et la consternation. Tant de forfaits accumulés criaient vengeance contre ce grand coupable : aussi le concile de Beauvais se mit-il en devoir de tourner contre lui les armes dont il pouvait faire usage ; il le frappa d'excommunication et le déclara méchant, infâme, ennemi du nom chrétien et déchu de l'honneur d'être chevalier chrétien. » — Delettre, *Histoire du Diocèse de Beauvais*, t. II, p. 49-50.

(1) De La Morlière, ouvrage cité, p. 258.

dans son château de Boves un siége qui lui a assuré une place dans l'histoire de France (1).

Nous empruntons aux manuscrits du P. Daire quelques détails sur ce siége mémorable, ne faisant guères en cet endroit que le copier.

« Le château, bâti sur la cime d'une haute montagne, dit cet historien (2), présentait un quarré oblong flanqué d'une tour à chaque angle, avec un donjon au-dessus d'une d'entr'elles. Le pied était de bonne gresserie et il y avoit une espèce de demie lune du côté du bois. Sa situation le faisoit asser dès 1086 pour un poste presque imprenable. Les fossés étaient larges et profonds. Quelques débris de tours et de vieilles murailles attestent encore sa force et sa solidité. » — Nous reparlerons plus loin de cet antique édifice.

Philippe d'Alsace, comte de Flandre et d'Amiens, étant en guerre avec le roi, à cause de la suzeraineté qu'il prétendait avoir sur le Vermandois, Philippe Auguste s'approcha de Boves dans l'intention de s'en emparer. Robert de Boves, qui était dans les intérêts du comte de Flandre se renferma dans son château, avec autant de troupes qu'il en pouvait contenir, qu'il avait garni de toutes les choses nécessaires, à une vigoureuse défense. Le roi reconnut la place et vit qu'il en fallait venir à un siége en règle. Après un sanglant combat les troupes royales se logèrent sur la contrescarpe ; on construisit ensuite avec des claies et du bois de chêne vert des galeries

---

(1) « L'armée royale... attaqua le château de Boves, célèbre dans les romans pour avoir vu naître l'enchanteur Maugis, et dans l'histoire pour avoir été le berceau de la maison de Coucy. » — Henri Martin, *Hist. de France*, t. IV, p. 79, V. *Hist. des comtes de Flandre* par Edward Le Glay, t. I, p. 402, etc.

(2) *Histoire du Doyenné du Moreuil*.

couvertes, nommées alors *chats*, que l'on poussa jusqu'auprès des murs, et sous lesquels le soldat, à l'abri des traits de l'ennemi, pouvait combler le fossé de pierres, de terre et de fascines. Dès qu'on eut avancé par la sape assez avant sous la muraille, qu'on étançonnait avec des bois debout, à mesure qu'on creusait dans ses fondements, le roi ordonna l'assaut (1). Il semble que la fière maison de Boves ne pouvait lutter qu'avec des rois et que, pour offrir au petit fils d'Enguerrand un adversaire digne de lui, il n'y avait que le petit fils de Louis-le-Gros. Enfin, tout était prêt ; on mit le feu aux étançons et, peu de temps après, la muraille s'écroula et offrit une large brèche aux assiégeants, qui, à la faveur de la fumée et de la poussière, s'élancèrent avec intrépidité et s'emparèrent de la muraille. Une partie des assiégés repoussés se retira dans le donjon de la grande tour, entourée de fossés, qui commandait le reste de la place (2).

Pour arriver au pied de cette tour il fallait encore forcer deux murailles qui l'entouraient. On approcha les machines de guerre et on ruina les créneaux, ainsi que les autres défenses. Les assiégés se trouvaient extrêmement pressés, lorsque le comte de Flandre, auquel la résistance du sire de Boves avait donné le temps d'arriver, parut en vue du camp royal et envoya défier Philippe-Auguste à la bataille (3).

Une action décisive allait s'engager, quand Guillaume, archevêque de Reims, qu'on appelait le cardinal de Cham-

---

(1) Le P. Daire, ouvrage cité.
(2) Le P. Daire, ibid.
(3) Le P. Daire, ibid. — E.-le-Glay, *Hist. des comtes de Flandre*.

pagne, l'évêque d'Albe, légat du Saint Siége, et Thibaut, comte de Blois, supplièrent le roi de ne pas accepter un défi d'où le sort de la monarchie devait dépendre. Le roi eut de la peine à renoncer au plaisir de combattre son orgueilleux adversaire, mais enfin il s'y résigna ; par l'entremise des personnages que nous venons de nommer, un armistice fut décidé et l'on négocia sur le champ pour obtenir enfin la paix, qui fut définitivement conclue le 10 mars 1186 (1).

Le campement des deux armées, ajoute le P. Daire, avait dévasté les champs environnants ; le chapitre d'Amiens, qui y avait des possessions, fit des réclamations à ce sujet pour obtenir une indemnité ; elles devinrent inutiles, car en 1086 la terre rendit avec usure dans l'endroit où le roi avait campé, et, comme si la nature avait pris parti pour la bonne cause, dit l'historien Rigor, il ne vint rien sur le terrain que le comte de Flandre avait occupé. Peu de temps après le roi fit démolir le château, dont Guillaume-le-Breton fait mention en ces termes dans sa *Philippide* :

> Interque Castrum Bobarum, nomen habebat
> Clarius et titulis et gente, situque decorum,
> Turribus et muris, fossis valloque superbus.

Il est à croire que ce manoir fut bientôt reconstruit.

Robert de Boves fit partie de la troisiéme croisade et fut tué au siége de St.-Jean d'Acre, en 1194 ; il avait épousé Béatrix de Camdavennes, sœur du comte de St-Pol, et eut

---

(1) Edward le Glay, *Hist. des comtes de Flandre*, t. I, p. 402-403, le P. Daire, ouvrage cité.

de son mariage cinq enfants: Enguerrand, Hugues, Robert, Thomas (1) et Flandrine.

Enguerrand, qui avait accompagné son père à la croisade, y retourna en 1202 et se trouva à la prise de Constantinople par les croisés. En 1192, il avait fait don au chapitre d'Amiens, du consentement de sa mère et de son frère Robert, pour le repos de l'âme de son père, de deux muids de blé à prendre sur ses moulins de Boves. En 1196, il dota largement le prieuré de Ste.-Marie-des-Champs ou de Notre Dames-de-Boves, pour le salut de son âme et de celles de son père et de sa mère. En 1217, il fonda le prieuré de Remiencourt, dépendant de l'abbaye de St.-Martin-aux-Jumeaux d'Amiens (2). Les marais qui s'étendent entre Boves et Cottenchy avaient été au VIIIe siècle habités par la vierge sainte Ulphe. Le souvenir de cette fondatrice du premier couvent de femmes qui ait été établi dans le diocèse d'Amiens était resté en vénération dans ce pays, et Enguerrand fonda, en 1218, non loin de la claire fontaine auprès de laquelle la sainte protectrice de cette contrée avait vécu pendant tant d'années, l'abbaye de Notre-Dame-du-Paraclet dont ses deux filles furent les premières religieuses (3).

Robert de Boves, son frère, seigneur de Fouencamps, de Fouilloy et d'Estrées fit aussi des dons à diverses abbayes et notamment à celle de St.-Fuscien-au-Bois. Nous regrettons d'être obligé de dire que Hugues et Robert de Boves ne rougirent pas de souiller leur écusson à la bataille de

---

(1) Thomas de Boves fut chanoine et prévôt de la cathédrale d'Amiens.

(2) De La Morlière, *Maisons illustres*.

(3) Marguerite en fut la première abbesse et Elisabeth la première prieure.

Bouvines, en combattant avec les ennemis de la France. Hugues fut submergé en 1215 lorsqu'il passait en Angleterre, allant secourir le roi Jean-sans-Terre en guerre avec ses barons. Nous ne pensons pas qu'il ait laissé de postérité, mais il n'en est pas de même de Robert, et sa descendance survécut même de quelques années à celle de la branche aînée de sa maison (1); sa femme se nommait Marie et il eut deux enfants Robert et Enguerrand.

Enguerrand, chevalier seigneur de Fouencamps, vendit au mois de novembre 1258 à l'abbesse et aux religieuses du Paraclet trente sols de cens qu'elles lui devaient chaque année, ainsi que la rivière du Pont-des-Moineaux jusqu'au moulin de Cottenchy, le tout au prix de soixante-huit livres parisis (2). Il avait épousé Jeanne, mais il ne paraît pas qu'il eut de postérité ; il était mort avant le mois d'octobre 1301. Son frère Robert eut une fille du nom de Mabille qui fut la dernière de sa race (3).

Revenons à la branche aînée de la maison de Boves, dont nous nous sommes écartés un instant :

Enguerrand de Boves, fondateur de l'abbaye du Paraclet, eut, de son mariage avec Ade, trois enfants : deux filles, Marguerite et Elisabeth de Boves, que nous avons déjà nommées, et un fils, Robert de Boves, qui fit un grand nombre de dons à l'abbaye de St-Fuscien, monastère fondé par un sire de Boves et pour lequel cette maison paraît avoir toujours eu une grande sollicitude. — De La Morlière nous

---

(1) Quant à lui il était mort en 1236.
(2) Charte originale sur parchemin.
(3) V. Colliette, *Mémoires pour servir à l'histoire du Vermandois*, t. II, p. 460.

dit, en parlant de lui : « il prolongea sa vie du moins
« jusques en l'an 1246 qu'il fit encore don à l'abbaye
« de St.-Fuscien des bois de Chaumont, pour la fondation
« de son obit (1). » Mais nous avons la preuve qu'il vivait
encore en 1248. Nous avons eu entre les mains une Charte
dans laquelle *Robertus Dominus de Bova*, parle de son père
Enguerrand, *Vir nobilis Ingerrannus pater meus*, laquelle
charte est datée du mois de mars 1248 (2). La découverte
de cette pièce nous apprend d'une manière certaine quel
est celui des sires de Boves, du nom de Robert, qui a donné
les deux chartes du mois d'avril et du mois de décembre
1247 (portant, la première confirmation de la concession
de la vicomté justice et avouerie de Bonnay en faveur
de l'abbaye de Corbie, et la seconde vente par lui à
la même abbaye de tout ce qu'il possédait à Thennes)
que M. Dorbis a signalées comme les plus anciens actes
écrits en langue vulgaire qui soient conservés aux archives
du département de la Somme (3).

Robert de Boves avait épousé Ailis ou Alidis, il eut deux
enfants, Robert et Elisabeth ou Isabeau. Robert, le dernier
des sires de Boves, mourut sans postérité en 1254. A sa
mort la seigneurie de Boves passa à sa sœur dont le mari
Nicolas de Rumigny prit le titre de seigneur de ce lieu et
après deux cent vingt ans d'une existence presque royale
la maison de Boves disparut pour jamais de nos annales.

---

(1) *Maisons illustres de Picardie*, p. 263.

(2) Charte originale sur parchemin. Nous avons eu aussi occasion de voir une grande feuille de parchemin d'une écriture cursive difficile à lire, datée de 1246, sur le dos de laquelle était écrit *Testament de Robert de Boves pour l'Abbaye du Paraclet-des-Champs*.

(3) *Mémoires de la Société des Antiquaires de Picardie*, t. IX, p. 440.

II.

Les seigneurs et le village de Boves depuis 1254 jusqu'à la Révolution.

Isabeau ou Elisabeth de Boves, femme de Nicolas III, seigneur de Rumigny, devenue veuve, mourut dame de Boves en 1265, laissant, dit le père Daire, un fils nommé Hugues ou Huon de Rumigny, connu dans les titres de 1265 à 1268. Il n'eut que deux filles, Isabeau et Marguerite de Rumigny. Isabeau, l'aînée, dame de Rumigny et de Boves, épousa, en 1265, Thibaut de Lorraine, seigneur de Neufchatel, depuis duc de Lorraine par succession de son père Ferri (1). Quant à Marguerite, elle épousa Jean IVe du nom, comte de Soissons.

Isabeau fit hommage à Guillaume de Mâcon, évêque d'Amiens, en 1282 ; son mari est désigné dans les chartes comme vassal de l'évêché, à cause de la terre et chatellenie de Boves, que les sires de Coucy et après la maison de Lorraine tenaient aussi en grande noblesse, franchise et pairie, de l'abbaye de Corbie et de fief du Caix, par 10 sols de relief, 30 de chambellage ; par le manteau au chambellan ; par l'anneau d'or lors de l'hommage personnel ; par le quint et le requint aux mutations par vente ou donation (2).

---

(1) « D'autres disent frère puisné du duc de Lorraine, ce qui paroît véritable, puisque l'on voit encore aujourd'huy sur la porte du pont-levis de ce château l'écu dudit Thiébaut de Lorraine.... écu qui porte d'or à la bande de gueules, chargée de trois alérions d'argent, accompagnée d'un croissant de même posé sur le haut de la bande, qui est la marque d'un puisné ou cadet. » — J. Pagès, art. Boves, t. II, p. 379. Ed. Louis Douchet.

(2) Le P. Daire, *Histoire du doyenné de Moreuil*, p. 11. — Un autre titre porte à 60 sols le relief du fief de Caix.

Notice. 2

Les seigneurs de Boves prenaient le titre d'avoués de Corbie ; il est intéressant de citer à ce propos un passage de l'*Esquisse féodale du comté d'Amiens aux XII² et XIII² siècles*, par M. Bouthors (1) :

« Les avoués, dit cet érudit, exerçaient auprès des abbés les mêmes fonctions que les vidames auprès des évêques, ils étaient les intendants de leurs biens, les généraux de leur milice, les juges de leurs vassaux, en un mot, ils avaient l'administration civile et militaire des églises. Au XIII² siècle, on donnait aussi le nom d'avouerie à un fief au moyen duquel une abbaye achetait la protection d'un seigneur puissant. Cependant, comme l'avouerie de Corbie était partagée entre cinq seigneurs, elle n'était pas à beaucoup près aussi profitable que le vidamé d'Amiens, dont les revenus n'étaient point partagés. Par conséquent, le titre d'avoué de Corbie n'a jamais dû être d'un prix tel pour les seigneurs de Boves qu'ils aient dû nécessairement offrir leur propre héritage pour en acquérir la possession. Boves a relevé de Corbie, le fait est constant et attesté par des témoignages trop nombreux pour être révoqués en doute, mais jamais pour l'intégralité, ni même pour la plus forte partie de ses domaines. »

Le seigneur de Boves tenait de Corbie la chatellenie de Caix et d'Harbonnières, les avoueries de Bonnay, de Cachy, de Gentelles, etc. Son investiture comme avoué de Corbie cessa d'avoir lieu depuis celle de Ferri de Lorraine, comte de Vaudemont, seigneur de Boves, qui, le 10 novembre 1458, reçut l'anneau d'or des mains de Michel, abbé de Corbie (2).

---

(1) *Coutumes locales du bailliage d'Amiens*, tom. I, p. 217.

(2) Voici l'acte de cette investiture :

« Le dixième jour de novembre, l'an mil quatre cens cinquante-huit,

Nous continuons l'historique de la localité, en citant les principaux événements qui y ont eu lieu.

Le château de Boves fut, dit-on, ruiné en partie par le duc de Bedford, en 1443 (1).

Réné de Sicile, roi de Jérusalem, duc de Lorraine et de Bar, comte de Vaudemont et de Provence, seigneur de Boves au XVe siècle, dit M. Dusevel (2), introduisit dans ce château un cérémonial qui ressemblait à celui des cours. Ce prince avait douze pairs, un grand pannetier, un écuyer, un échanson et un sénéchal. Le seigneur de Demuin était revêtu de cette dernière charge. Les barons de Boves devaient lui notifier leur arrivée dans leur domaine, afin qu'il put exercer près d'eux son office.

En 1415, nous apprend encore M. Dusevel (3), le roi d'Angleterre reçut de nombreux secours du château de Boves; le châtelain fit descendre de ses tours et murailles des cor-

---

» noble et puissant seigneur, monseigneur Ferri de Lorraine, comte de
» Waudemont, seigneur de Boves et de Caix, fit hommage à Révérend Père
» en Dieu Monsieur Michiel, abbé de Corbie, des deux fiefs dessus dits
» tenus de ladite église. C'est à savoir ledit fief de Boves en pairie et le fief
» de Caix à soixante sols de relief et trente sols de chambellage. Lesquels
» fiefs avoient été relevés par Guy de Talmas, procureur dudit seigneur,
» comme il appert à devant, auquel hommage il fut receu par mondit sei-
» gneur, et fit les sermens en tel cas accoutumés : et fut fait ledit hommage
» de bouche et de main devant les corps saints en l'église Saint-Pierre de
» Corbie, presens Miquiel de Bulleux, Jean le Senechal, Martin le Coq,
» Simon d'Amiens, hommes liges. Mons. Jean le Villain, bailli de Corbie
» et Dampt Jean Roussel, official, Dampt N... prévôt et plusieurs autres et
» lui bailla monseigneur de Corbie *un annel d'or.* »

(*Eglises, châteaux, beffrois et hôtels-de-ville de Picardie et d'Artois*, t. II, *Notice sur l'ancienne seigneurie et l'église de Caix-en-Santerre*, p. 12 et 13.)

(1) *Géographie du département de la Somme*, par Pringuez, p. 67.
(2) *Lettres sur le département de la Somme*, 3e éd., p. 325-326.
(3) *Lettres sur le département de la Somme*, p. 327.

beilles remplies de pains pour restaurer un peu l'armée anglaise, exténuée par de longues marches et harcelée par l'armée française.

Aubert de Sains, chevalier, était gouverneur de Boves en 1362, pour Marie de Blois, duchesse de Lorraine.

Jean Picquet, écuyer, sieur du Quesnel, l'était en 1389 et 1410, pour le duc de Lorraine, dont Jacques de May était le bailli en 1507.

Guilain Querecques en était gouverneur en 1524 ; N. de Cay fut remis dans la capitainerie au mois de mai 1589 (1).

A l'assemblée générale des trois états du baillage d'Amiens pour la rédaction des coutumes locales, le 22 septembre 1567, comparut messire Claude de Lorraine, duc d'Aumale, pair de France, seigneur et baron de Boves, représenté par maistre Nicole de Nibat, écuyer, bailli de la baronnie, et Jean le Marchant, greffier, assistés des lieutenant et échevins du village (2).

A l'époque de la Ligue, le château de Boves fut l'arsenal des ligueurs des environs d'Amiens ; ils y conservaient une grande quantité de munitions de guerre pour assiéger les châteaux des gentilshommes fidèles à Henri IV (3).

Plus tard, en 1597, pendant le siége d'Amiens, Gabrielle d'Estrées habitait le château de Boves et le roi allait de temps en temps l'y visiter ; un jour qu'il revenait avec elle du château d'Applaincourt, appartenant au baron d'Amerval, leur voiture versa en tournant un pont à l'entrée du village (4).

---

(1) Le P. Daire. *Histoire* MS. *du doyenné de Moreuil*, p. 10.
(2) *Coustumes du bailliage d'Amiens*. — Amiens, 1623, f° 81.
(3) *Lettres sur le département de la Somme*, p. 327.
(4) *Promenade d'Amiens à Boves*, précitée. — Rivoire, *Notice sur le siége d'Amiens*.

Au commencement du XVIIe siècle, la terre de Boves fut décrétée sur la succession de Charles de Lorraine, duc d'Aumale ; elle sortit ainsi d'une famille dont l'illustration ne le cédait pas à celle de l'antique maison de Boves, et qui la possédait depuis plus de trois siècles. Pagès suppose que le château fut démantelé vers cette époque.

La seigneurie de Boves fut vendue en 1606 à Bénigne Bernard ; ce personnage mourut en 1626, car on lit dans un *Mémoire des obits qu'on chante* en la paroisse de Notre-Dame de Boves, au mois de septembre :

« L'obit de haut et puissant seigneur messire Bénigne Ber-
» nard, marquis de Boves et bienfaiteur de cette paroisse,
» est décédé à Paris le 8e de l'an de septembre 1626, et a
» hypothéqué la terre de Boves de la somme de 40 liv. pour
» son obit annuel et perpétuel (1). »

A Bénigne Bernard succéda, en qualité de seigneur de Boves, Nicolas de Mouy, qui paraît comme possesseur de cette terre en 1657. Charles de Mouy, marquis de Riberpré et de Boves, lieutenant-général des armées du roi, gouverneur des ville et château de Ham, l'était en 1660. Elisabeth de Gruyn-Saveuse resta en possession de la terre, acquise par Jean Leclerc de Grandmaison, prévôt de l'Ile-de-France, et depuis par Denis d'Aubourg, chevalier, seigneur de Montigny, et par M. de Turmenies de Nointel, maître des requêtes et intendant en Bourbonnois, qui fit détruire une partie de l'ancien château, et en fit servir les pierres et autres matériaux pour agrandir et construire presque de nouveau une maison seigneuriale, où il y en avait déjà une, près la rivière de Noye (2).

---

(1) Archives de la fabrique de l'église de Boves.
(2) Pagès, éd. Douchet, tom. II, 384. — Le P. Daire, *Hist. ms. du doyenné de Moreuil,* p. 11.

Pendant le XVII⁰ siècle, Boves eut plusieurs fois à souffrir des guerres qui désolèrent la province ; le 13 septembre 1636, vingt-six soldats allemands venus pour le piller et manger les raisins des vignes qui existaient alors sur le terroir, furent tués par les habitants, dont la valeur ne put, en 1653, empêcher les Espagnols de mettre le feu au pays (1).

En 1700, nous voyons indiqué, comme seigneur de Boves, M. de Turmenies ; à cette époque, la population du village était de 688 habitants (2). Le P. Daire, qui écrivait au commencement de la seconde moitié du XVIII⁰ siècle, lui en donne 880. Lors de la Révolution, la terre de Boves appartenait à la duchesse de Biron (3), qui fut décapitée à Paris pendant la Terreur.

Comme pairs des vidames, les barons de Boves faisaient le service en armes et en chevaux, ainsi que le service des plaids à Corbie ; ces seigneurs percevaient des droits de travers à Longueau et avaient le droit de pêche dans le marquisat. La coutume locale (4) leur attribuait droit de voirie, de péage, de chasse et de pêche sur des terres et rivières qui n'étaient ni de leur chatellenie, ni de leur mouvance ; droit de garenne ouverte et de chasse depuis Ailly-sur-Noye jusque au pont de Longueau.

Les seigneurs, hommes liges de l'évêché d'Amiens, devaient

---

(1) Pagès, vol. cité, p. 295. — Le P. Daire.

(2) Le manuscrit n° 513 de la bibliothèque d'Amiens, qui date de la fin du XVII⁰ siècle, indique à N.-D. de Boves 230 communiants, et à St-.Nicolas 250.

(3) Elle y avait droit de haute et basse justice, nous ont dit de vieux habitants du pays.

(4) Nous renvoyons pour renseignements sur la curieuse coutume locale de Boves, à l'ouvrage de M. Bouthors sur les coutumes locales de l'arrondissement d'Amiens.

hommage de bouche et de main, à cause des bois, terres, garennes, chatellenie et autres choses. Le jour de saint Firmin-le-Martyr, ils présentaient à la cathédrale d'Amiens un cierge de cire du poids de cinquante livres.

Boves était de la mouvance de l'église d'Amiens, de la terre de Coucy et du comté de Corbie, comme arrière-fief tenu en avouerie pour la partie au-delà de la rivière. Les habitants avaient pour ressort l'élection d'Amiens et la prévôté royale de Beauvaisis, au bailliage de la même ville.

Les nombreux fiefs mouvans de la terre de Boves avaient haute, moyenne et basse justice. Le fief de Boves commençait à la maison de la *Warenne* (garenne). Celui de Bretelessart consistait en 500 journaux ; l'abbaye de Saint-Fuscien y percevait deux tiers de grosse dîme. Celui de Thérouenne et Châtillon relevait de la terre, de même que celui du bois de Fouencamps, ceux du Blamont, de Grandpré et de Fortmanoir, situé sur la chaussée avec une métairie et un petit château. Un autre fief, situé à Boves, était tenu du Roi par 60 sols parisis de relief et 20 de chambellage (1).

Boves, nous l'avons dit plus haut, appartenait, pour le spirituel, à deux doyennés différents ; la paroisse de Notre-Dame et le prieuré étaient du doyenné de Moreuil, et celle de Saint-Nicolas de celui de Fouilloy.

L'église paroissiale de Notre-Dame, dite Sainte-Marie-des-Champs, était, dit le P. Daire, un prieuré dépendant de l'abbaye de Saint-Fuscien et doté en 1196 par Enguerrand de Boves. Elle était située sur le sommet d'une montagne, à la place, dit-on, d'un ancien temple de Diane. Le chœur, dit toujours le P. Daire, était d'une solidité grossière ; une des

---

(1) Le P. Daire. *Hist.* ms. *du doyenné de Moreuil*, p. 10.

chapelles du côté de l'Evangile était dédiée à saint Nicolas ; on remarquait sur le rétable de l'autel un boucher qui coupait en morceaux et mettait dans un saloir les trois enfants de saint Nicolas (1). Nous avons trouvé dans un des registres de la fabrique de cette église la reproduction d'une inscription qui ne s'y lisait plus depuis longtemps à l'époque de la démolition de l'église ; nous croyons intéressant de la reproduire (2) :

« *Extrait de ce qui étoit écrit en la chapelle St-Nicolas quand on l'a blanchi* (sic).

» *Noel de Fontaine sergeant a cheval de la baronie de Boves a fait faire cette image et a fondé dans la presente église un obit solemnel qui se doit chanter par chacun an perpetuité et à jamais le vingt et deux d'avril jusqu'au decez dudit de Fontaine. Et aprez, a pareil jour qu'il decedera, ainsy que plus au long est contenu au contract de laditte fondation, passé pardevant nottaires Roiaux a Amiens au Registre de Fr. de Bacq, le 27ᵉ x*^{bre} *1607. Requiescat in pace.* »

Dans la seconde moitié du XVIIᵉ siècle, le curé de Notre-Dame ne venait en cette église que les fêtes et les dimanches

---

(1) *Hist.* MS. *du doyenné de Moreuil*, p. 12.

(2) Nous devons à l'obligeance de M. l'abbé Lejeune, curé de Boves, la communication de trois registres appartenant aux archives de la fabrique, et fort curieux à consulter pour l'histoire des deux paroisses de ce village : les deux premiers renferment les comptes de la paroisse Notre-Dame, de 1622 à 1737. On y trouve aussi des inventaires des biens, meubles, ornements, etc. Une liste des obits qui s'y chantaient, etc. Le troisième contient les comptes de la fabrique de Saint-Nicolas, de 1692 à 1729. Les bornes restreintes de notre travail ne nous permettent d'y faire que quelques courts emprunts, mais nous les signalons d'une manière spéciale aux futurs historiens de Boves.

pour le service paroissial et lorsqu'il y avait des fondations à acquitter. Le reste du temps il disait la messe dans la chapelle du seigneur. L'abbé de Saint-Fuscien avait le patronage et dîmait avec l'abbesse du Paraclet d'Amiens. La cure valait 600 livres, et la fabrique avait 260 livres de revenu (1).

Il existait dans cette paroisse une confrérie de la Sainte Vierge dont nous voyons le *bastonnier* rendre ses comptes le 15 avril 1635.

Ade de Boves, femme du fondateur de l'abbaye du Paraclet, avait fondé dans cette église, outre son obit, une messe le jour de saint Vincent qui, dit le registre du XVIIe siècle, *doit encore estre payée par les sindics et tenanciers du bien de la ville de Boves.*

Le P. Daire nous apprend que la croix qui servait aux processions paraissait du XIIIe siècle ; nous ne trouvons que cette désignation dans l'inventaire des meubles et ornements de la fin du XVIIe siècle :

« Item deux croix de cuiure et une autre faitte a l'antique. »

Nous voyons comme curés de Notre-Dame de Boves :

Nicolas Flamen, en 1622-1635 ;

Firmin Senault, chapelain de la cathédrale d'Amiens, 1637-1671, mourut le 29 juin 1671 ;

Louis Caron, maître-ez-arts et gradué dans l'Université de Paris, 1669-1704 ;

François Souhait, 1705-1736. Il eut des difficultés avec les marguilliers qui refusaient de lui payer les honoraires que la fabrique lui devait ; l'autorité diocésaine dut intervenir et les y contraindre.

---

(1) Le P. Daire. — Un manuscrit de la fin du XVIIe siècle porte pour revenu de la fabrique 194 liv. 12 s. en terres et rentes.

L'église Notre-Dame de Boves fut démolie, en 1823, pour cause de vétusté ; depuis longtemps on n'y célébrait plus l'office divin, de crainte d'accident. Dans le côté faisant face au village, on voyait, au-dessus d'une gresserie assez élevée, une pierre assez large sur laquelle était représenté un bœuf, armes parlantes, dit-on, des premiers seigneurs du pays (1).

L'église de Saint-Nicolas n'offrait pas non plus de bien grandes curiosités ; on y voyait des vitraux représentant saint Nicolas qui apaise une tempête, et la Cène, assez bien peints, dit le P. Daire. Sur la muraille était, représenté Noël de Fontaine, sergent à cheval de la baronie, avec sa famille (2).

Le prieur de Boves nommait à la cure, il dîmait avec l'abbé de Saint-Fuscien, l'abbesse du Paraclet, l'Hôtel-Dieu, la maladrerie de Boves et le curé, qui chacun avaient une gerbe sur cent. La fabrique avait 180 liv. de revenu ; les chapelles de Saint-Nicolas et de Saint-Vincent avaient pour patron l'abbé de Saint-Fuscien (3).

Nous avons trouvé les noms de curés suivants :

Jean Lemaire, 1670 ;

Jean Lefort, 1695-1696.

François Caron, bachelier de Sorbonne, 1697-1729.

---

(1) *Promenade d'Amiens à Boves*, précitée.

(2) Le P. Daire. *Hist.* ms. *du doyenné de Fouilloy*, p. 30. — Cette indication nous a un moment fait supposer que l'inscription relatée dans le registre de la paroisse Notre-Dame comme ayant existé dans la chapelle Saint-Nicolas de cette église, dut se rapporter à l'église paroissiale de Saint-Nicolas, mais nous avons ensuite trouvé l'obit, mentionné dans l'inscription, sur la liste de ceux qui étaient célébrés à Notre-Dame de Boves. Il est à croire que Noël de Fontaine fit une fondation semblable dans chacune des paroisses de Boves.

(3) Le P. Daire. *Hist.* ms. *du doyenné de Fouilloy*, p. 30.

Il y avait encore à Boves un prieuré dit de Saint-Aubert, situé au sommet de la falaise, un peu au-dessous du château. Il avait été fondé par les anciens seigneurs de Boves ; il s'était formé d'un détachement du prieuré de Lihons-en-Santerre, et le prieur en était patron. L'abbaye du Paraclet devait annuellement, par accord de 1271, douze muids de blé au prieur de Boves, qui distribuait aux pauvres chaque année, le Jeudi-Saint, quatre muids de blé convertis en pain.

Le prieur avait haute, moyenne et basse justice sur les terres de sa dépendance. Son revenu était d'environ 2,000 livres (1).

Jean Glachard, vicaire général de Soissons, était prieur en 1482.

Jean de Fereberge, abbé de Moreuil, l'était en 1512.

Jean du Croiset comparaît, comme prieur de Boves en 1567, à l'assemblée pour la rédaction des coutumes locales.

Antoine Durand, chanoine d'Amiens, aumônier du duc d'Orléans, eut le prieuré par arrêt du Parlement du 12 avril 1661.

M. Moreau était prieur à la fin du XVIIe siècle.

---

(1) Pagès. — Le P. Daire. A l'époque où Pagès écrivait, il n'y avait pas six religieux au prieuré. Le P. Daire cite encore à l'article de Boves la chapelle de Saint-Domice : « Elle est unie, dit-il, à la trésorerie de Lihons et produit 60 livres, à la charge d'une messe chaque mardi. » — Il ajoute : « L'hôpital et la maladrerie ne subsistent plus, mais les titulaires en re-
» tirent chacun 200 livres de rente. » — *Hist.* MS. *du doyenné de Moreuil*, p. 12.

III.

Heureux, a-t-on dit, les peuples dont l'histoire est ennuyeuse. Si l'on ne peut faire l'application de cet axiome aux deux premières parties de ce travail, nous craignons bien qu'on n'ait envie de le tenter en lisant la troisième. Depuis la mort déplorable de la duchesse de Biron jusqu'à nos jours, c'est à grand peine si on trouve quelques faits saillants pour l'histoire de la commune de Boves ; et malheureusement deux d'entr'eux rappelant l'apparition dans son enceinte de cruelles épidémies ne permettent pas d'ajouter foi à cette félicité proverbiale dont nous venons de parler.

Lors de la division de la France en cantons, districts et départements, en exécution de la loi du 22 décembre 1789— janvier 1790, Boves fut le chef-lieu du troisième canton du district d'Amiens (1) ; nous le voyons mentionné en cette qualité dans le tableau, inséré à la suite de la loi du 28 pluviose an VIII, concernant la division du territoire français et l'administration. Il perdit ce titre lors de l'arrêté du 17 brumaire an X (18 novembre 1801), portant réduction des cantons du département de la Somme, qui constitua le canton de Sains, formé par la majeure partie de la réunion des deux cantons de Boves et de Saint-Sauflieu, et dont Boves a toujours fait partie depuis.

En juillet 1803, lorsque Bonaparte premier consul vint à

(1) D'après l'almanach du département de la Somme pour 1792, le canton de Boves comprenait les communes de : Boves, Fortmanoir et Cambos ; Cagny, Cottenchy, Dommartin, Paraclet, Saint-Fuscien et Petit-Cagny ; Guyencourt, Estrées et Remiencourt, Gentelles, Cachy, Blangy, Tronville et Glisy ; Longueau, Hailles et Fouencamps, Thésy et Glimont.

Amiens, M. Fleury, maire de Boves, lui présenta à son passage une colombe tenant dans son bec un rameau d'olivier (1).

On lit les renseignements suivants sur Boves dans l'annuaire de Rivoire pour 1806. Maire, Fleury. Adjoint, Duclos. Curé-desservant, Desprès. 1,125 habitants.

Le lundi de Quasimodo 1807, on posa la première pierre de l'église actuelle dédiée à Notre-Dame, elle fut bénie par M. Andrieu, curé-doyen de Sains, en présence de M. Fleury, maire et Desprès curé du lieu. Des soldats de la compagnie d'élite du 20e dragons, en garnison dans le village, montèrent la garde auprès des fondations, pour empêcher qu'on ne volât les pièces d'or, d'argent et de cuivre qui avaient été placées sous cette pierre.

Pour construire l'église on dût entamer et creuser dans la montagne de craie, qu'on appelle dans le pays la falaise, qui domine tout le village et qui est couronnée par les ruines du château. On trouva à cette occasion des passages voûtés à la pioche, creusés dans le roc et paraissant descendre vers la rivière qui coule dans Boves, non loin du portail de l'église actuelle. De la fiente de cheval qu'on y rencontra fit supposer que ces passages servaient à conduire à l'abreuvoir les chevaux des écuries du château.

En 1832, le choléra fit son apparition dans cette commune le 8 mai; le nombre des malades fut de 103, 49 hommes et 54 femmes sur lesquels il y eut soixante décès, 29 hommes et 31 femmes (2). L'épidémie cessa le 1er août.

---

(1) Rivoire, *Description de la Cathédrale d'Amiens*, p. 200.
(2) J. Petit, *Histoire du Choléra-Morbus-Asiatique dans le département de la Somme, en* 1832, p. 366-367.

Lors de l'établissement du chemin de fer d'Amiens à Paris, une station fut placée à Boves.

Le choléra de 1849 fit à Boves de bien plus terribles ravages que celui de 1832 et il est peu de localités du département qui en aient autant souffert. Nous avons traversé cette commune quelque temps après la cessation du fléau et nous n'oublierons pas le sentiment douloureux qui serrait le cœur en suivant ces longues rues où il semblait que l'Ange exterminateur fut descendu, où on ne rencontrait que des visages tristes et des vêtements de deuil (1).

Les deux églises de Boves n'offrent rien de remarquable ; celle de Notre-Dame est un assez grand édifice sans style et sans goût, dont le portail orné d'une double colonnade est surmonté d'un clocher en forme de guérite. L'église de Saint-Nicolas, qui n'est à proprement parler qu'une grande chapelle, fut rouverte au culte en 1854.

Le village ne renferme aucun autre monument digne d'attention. Le château actuel, qui a appartenu à la duchesse de Biron, est un grand bâtiment sans caractère architectural et la maison commune est indigne d'un pays de plus de 1,700 habitants.

En résumé, Boves est un des plus grands villages du département de la Somme ; sa population est actuellement de 1,734 habitants, elle s'était élevée il y a dix ans jusqu'à 1,840. On y compte près de 500 maisons et la superficie du territoire est de 2,443 hectares. Son antique forêt, où les

---

(1) Rappelons encore ici le dévouement de M. Mollien, médecin à Boves, mort victime de son zèle pendant la durée de l'épidémie ; nous lui avons consacré quelques lignes dans un travail sur le village de Saint-Fuscien, son pays natal.

Druides ont, dit-on, célébré leurs mystères, tombe actuellement sous la hache du bûcheron et sous la pioche du défricheur.

Boves possède un chef-lieu de perception, un notaire, un huissier. La principale industrie de ses habitants consiste dans le blanchissage des toiles et du linge pour Amiens dont il n'est qu'à neuf kilomètres ; sa distance de Sains, chef-lieu du canton, est de sept.— Ses marais arrosés par l'Avre et la Noye contiennent des tourbières importantes et sont une source de richesse pour le pays, mais ils sont loin de lui procurer la salubrité que les ravages des maladies rendent si désirable.

Les ruines de son ancien et célèbre château ne consistent plus qu'en quelques pans de murailles dont la solidité inébranlable semble braver les siècles. Du haut du mamelon sur le sommet duquel elles sont assises on jouit d'un des plus beaux points de vue des environs d'Amiens.

APPENDICE.

PERSONNAGES CÉLÈBRES NÉS A BOVES.

Boves a donné naissance à plusieurs personnes dont les noms méritent d'être conservés ; nous avons déjà cité l'enchanteur Maugis, qui nous paraît un être un peu problématique. Nous n'avons trouvé son nom ni dans la biographie universelle ni dans d'autres que nous avons consultées.

Sainte Godeberthe. Cette sainte, patronne de la ville de Noyon, naquit à Boves, selon l'opinion la plus accréditée. Elle vint au monde au VIIe siècle sous le règne de Clotaire III. Sa famille était noble et riche et c'était même une tradition dit M. Laffineur que Godeberthe était issue de la maison de Boves, qui dans ce cas aurait une origine beaucoup plus reculée que celle qui lui est généralement assignée (1). A l'époque où ses parents et le roi lui-même s'occupaient de la marier, saint Eloi, évêque de Noyon, mû par une inspiration divine la consacra à Dieu en lui passant au doigt son anneau pastoral. Godeberthe, heureuse de voir ainsi remplir ses désirs, se retira à Noyon où le roi lui fit présent d'un palais qu'il y possédait ; il y joignit des terres

---

(1) *Vie de sainte Godeberthe, vierge et patronne de Noyon*, par l'abbé Laffineur.— Noyon 1856. 1 vol. in-12.

pour subvenir à l'entretien de douze jeunes vierges qui formèrent une communauté dont elle fut la supérieure. La sainte continua à y vivre d'une vie exemplaire qui fut illustrée par de nombreux miracles ; miracles qui continuèrent sur son tombeau et lui attirèrent la vénération universelle. La ville de Noyon l'a toujours depuis regardée comme sa protectrice et a souvent ressenti les effets de sa puissante protection (1).

Jehan de Boves, ancien poète français du XIII° siècle, « ainsi dénommé du lieu de sa naissance dit le P. Daire. Il avait l'esprit inventif et ses fabliaux sont assez ingénieux. On estime principalement son poème des deux chevaux. Un rimeur contemporain s'exprime ainsi sur son compte :

> D'un autre fabel s'entremel
> Qu'il ne cuida jà entreprendre
> Ne par maistre *Jehan* reprendre
> *De Boves*, qui dit bien et bel.
> (*Lacroix du Maine* (2).) »

Les fabliaux de Jehan de Boves se trouvent dans le recueil des fabliaux et contes des XII° et XIII° siècles de Legrand d'Aussy.

Jean de Boves, également surnommé de ce village où il reçut le jour, était un excellent théologien, il assista en 1416 au Concile de Constance, en qualité de Procureur du roi et du monastère de Saint-Augustin (3).

---

(1) Voir sur sainte Godeberthe le Propre des SS. du diocèse de Beauvais, — le Bréviaire de Noyon publié par M. de Bourzac, — les Annales de l'église de Noyon, par Levasseur, — les Mémoires pour servir à l'histoire du Vermandois, de Colliette, t. III, — le P. Daire, *Hist. ms. du doyenné de Fouilloy*, p. 39.

(2) Le P. Daire, *Hist. ms. du Doyenné de Moreuil*, p. 34².

(3) *Ibid.*

Antoine de Boves, fils d'un laboureur, embrassa l'ordre des Frères Mineurs. Il était bachelier en théologie dans l'université de Paris et directeur de ses jeunes confrères en 1623. Il ne versifiait pas mal en latin si l'on en juge par une épigramme de sa façon à la louange du traité de métaphysique de Martin Meurisse, écrivain du même ordre (1).

(*Extrait de la* Picardie, *années* 1858-59).

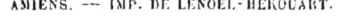

(1) Le P. Daire, *Hist. ms. du Doyenné de Moreuil*, p. 36 b.

Nous ajouterons ici que c'est à Boves que mourut le 20 mai 1851 une des célébrités médicales de notre pays, M. Auguste-César Baudeloque, né à Hailles, canton de Sains, le 9 octobre 1795 ; — il tenait à cette commune, où repose sa dépouille mortelle, par des liens de famille.

AMIENS. — IMP. DE LENOEL-HEROUART.